Klaus Groth

Rothgeter: Meister Lamp un sin Dochder

Plattdeutsches Gedicht

Klaus Groth

Rothgeter: Meister Lamp un sin Dochder
Plattdeutsches Gedicht

ISBN/EAN: 9783743691407

Hergestellt in Europa, USA, Kanada, Australien, Japan

Cover: Foto ©Thomas Meinert / pixelio.de

Weitere Bücher finden Sie auf **www.hansebooks.com**

Rothgeter

Meister Lamp un sin Dochder.

Rothgeter

Meister Lamp un sin Dochder.

Plattdeutsches Gedicht

von

Klaus Groth.

Hamburg,

Perthes-Besser & Mauke.

1862.

Inhalt.

		Seite
I.	De Warkstęd	1
II.	En Dœr mit en Drücker.	11
III.	Nawerschop	19
IV.	Besök	29
V.	Lütt Twischenspill.	37
VI.	En Andrag	41
VII.	Jan Baas.	63
VIII.	Abend.	77
IX.	Morgen	89

I.

De Warksted.

Rothgeter weer Meister Lamp, — Gelgeter hör he noch lewer,
Nich jüs wegen de Ehr, doch harr dat beter en Utdruck,
Paß mehr to dat Geschäft, und klung of sauber un rennlich.
Twars en Nam is en Blam,[1] de makt keen Hæker to'n Kopmann:
„Kleidermacher" opt Schild is binn en Snieder as jümmer:
Awer wat sik gebört dat hört sik, of bi en Handwark,
Dank vær Gav un Gunst, so heet dat, un „Ehre dem Künstler."
Un wul is se en Kunst de feine Arbeit in Messing,
Dar hört Nadenken to, en Wetenschop, as man so seggn deit.
Hier man, dat ruge Metall, beseh dat mal! Lett dat sik smölten?

---

[1] Leerer Schall.

Is dat blank vær den Guß?
            Ne tag', as Klister un Syrop,
As Lappledder¹ un Lim! Zink sehlt der! dar sehlt em de Härte!
Sunsten de Biegung hett't, old is 't, utweddert un smiedig.
Je, wa lang dat of seet in en Zuckerfabrik as en Tapprohr,
Ja, un je länger dat deent, so smeidiger ward dat man jümmer.
Oppe Aucschons² — wer kennt 't? — dar köften³ mitünner dat billig,
Köften bi Hækers dat op, as ole Klumpen, as Pipen,
Oft mank Isengeschirr dar findten dat rut un versett dat:
Hier sehlt Zink und hier Bismuthum, Spialter⁴ un Nickel,
Un wat sunsten de Sak — de Kunst de hett er Geheemnis.
Jede Wetenschop hett er Geheemnis, so er Centralpunkt,
Wo sik dat allens an hollt un allens um dreiht as umt Radspol:⁵
So dat Geten bi uns, de Guß dar wist sik de Meister,
Dat is dat Op un dat Dal, dat is so to seggn unse Schruvstick.
Dar is de Kanngeterie en Spelwark gegen, — in Lehmforms

---
1 woraus Leim gekocht wird. Sprichwörtlich.
2 Auctionen. 3 kauft man. 4 rohes Zink. 5 Spuhle, Axe.

— 5 —

Tappt se dat Tinn as en Beer, wat œwerlöppt wischt se
int Schotfell.
Wi geet allens in Sand, sein Geetsand is unse Hartblot,
Wat vœr den Bäcker dat Mehl, un föhl man: week, as en
Puder!
So mutt dat sin! un de Fluß rein gel und blank as en
Dutter,
Dat der keen Ünnerscheed fast, ob't Mischen oder ob't
Gold weer.
So is de Nam inne Dad. Rothgeter hett je keen Klang
nicht!

Nöß¹ kumt Raspel un Fil, dar wis't sik wer der Ge=
schick hett,
Fri ute Hand is de Kunst, un doch as na Zirkel un
Tollstock,
Jede Kant na de Snor, un jede Eck innen Winkel.
Blot wat de Rundung hett, dar brukt wi dat Rad un de
Dreihbank.

Twee harr Lampe in Gang', de een vœr sik to dat
Feinste,
Keen Gesell keem daran, un de Lehrburß döst se nich
rögen.

---
¹ nachher.

Darvœr is man de Meister, un hett de Sorg un dat
Gruweln.
Kumt dar ni dit oder dat, un jümmer wat nies to be=
denken?
Denn en niemodschen Griff un Dreier an Stuben= un
Husdœr,
(Als denn je allens sik richt na de Mod un de gothensche
Buart,
Möbeln und Töber¹ sogar, un Dœr= un Finstergerichten),
Denn en oldmodsch Isen to't Plätten, wo wat an to=
braken,
Nu is en Hœnken² entwei, en nickofft Möser³ is spleten,
Dar en Zirkel is lahm oder 'n Matstock scheef in en Rit=
Tüg —
Flickkram, as dat denn is, son Arbeit ute Fabriken —:
Alle kamt se to Lampe: Och Meister, sehn se, dar fehlt dat!
Meister, hier is 't entwei! un Meister, dar is't to flicken!
Awer ob? un wasück? un wadenni? wer mutt dat be=
denken?

So mit dat nie Gewicht! je ja! wat is't en Stück
Arbeit!
Loth vœr Loth oppen Haar! vun't Quentin herop bet de
Pünner⁴

---
1 Zuber.   2 Hähnchen, Krahn.   3 Mörser.   4 Pfundsgewichte.

Alle en Hundertstel to, un denn ahn Stippen un Muken,¹
Eben un blank un poleert, oppen Filstrich fertig to't
Stempeln!
Ja bereken! dat löv ik, bereken künnt dat de Herren
Professoren un Docters un seggn: so schall dat nu wesen!
Dat is de Grund vun de Sak: dat Kölnsche Pund is to
flödig!²
Awer utföhrn son Ding — dar lat se' Lamp vær den
Knütten!

So weer Lampe sin Snack, un so sin stillen Gedanken.
Snacken much he doch lewer, denn jümmer fleiten un denken,
Wenn man fleit un bedenkt, dat ward mitünner ver-
dreetlich,
Un son Gesell ward stumm bi't ewige Raspeln un Filen.
Mennig mal hett de al hört, wat Meister denkt un belept
hett,
Mennigmal füllsten verteilt sin egen Leben und Denken.
So weer't Öl annen Dicht,³ kumt mal en vernünftigen
Minschen,
De he de Saken verklar, de hörn much un se betrachten.

Meister hör dat ok rut — un weer dat lud inne
Warkstęd

---
1 kleine Unebenheiten, Erhöhungen und Vertiefungen. 2 leicht.
3 Docht.

As in en Wullspinnerie un en Stampmœhl, — blot anne Husbœr,
Blot anne Klock as se klung! De harr denn awer den Klang ok!
As en Ducaten — so rein! He harr se sülben mal gaten,
Harr dat Sülwer ni schont, un en Spectschen Daler¹ mit insmöllt.
Klockenspis' kenn he so gut as Piper sin Deeg to dat Los=brot!
Wuß he't doch oppen Loth, wat de Webbingsteber den Ton gift,
Dat dat schallt œwert Land, as klagen se: Schad' um den Lehrjung,
Schad' dat he dot is!² — de Meister belach so'n Wiwer=getœtel!
Sän doch Fischers sogar, Krautwiwer un Stintenver=köpers:
Ünner de See bi Büsum hörn se mitünner de Klocken!³
So wat hört wer der mag! de Meister hör na sin Husbœr.
Angenehm weer se to hörn un de Fot=Tritt, de der wat Nies bringt.
Spiel he ni richti de Ohrn, wenn dat schall bœrt Hus un de Del lank,

---

1 Speciesthaler. 2 Ditmarscher Sage. 3 ebenso.

Schov de Brill inne Höch un glup herum na de Dœrklink?
Jümmer de Fil inne Gang' un de Mund inne Pünt¹ to den Snacken:
„Morgen!" so weer denn dat Wort, gar frünblich, wer der of in keem,
As mit de Fil innen Takt, dat Liv deen Meister as Schruvholt,
Seker weer em de Vost, un de Arbeit blot as en Spelwark.

---

¹ zugespitzt.

Anm. Die Rothgießer verarbeiten rothes sprödes Messing. Die Arbeit der Gelbgießer, deren Amt ein viel jüngeres ist, besteht darin, „gelbes schmeidiges Messing zu gießen und dasselbe aufs zierlichste vergült, versilbert und gefürnißet" zu verfertigen. Doch weder Gelbgießer noch Gürtler dürfen in Gold oder Silber arbeiten. Alle diese Zunftverhältnisse sind aber in unsern Landen unklar, daher um so mehr die Eifersucht rege über Namensehre und Zunftgerechtigkeit.

II.

En Dær mit en Drücker.

„Ei is en Ei!" warb ber seggt, „sä be Prester un lang na bat grötste."
„Hus is en Hus" seggt be Bur, wenn't man Rum hett, seggt he, un warm is,
Ständers seker un Dack, un vœr Dœr en Plaß to den Dünger.
Utsicht — wat be bebrippt — ja, seggt he, be hett he anmobig:
Dicht vœr't Finster hett he en groten Hümpel¹ von Wischhau,
Warm un drög vœr't Gesicht un rennlich ünner den Föten,
Un to Summer, benn plegg be Kœksch dar Hemben to brögen,
Dat is pläseerlich to sehn! So seggt he, un smökt uten Meerschum,
Reckt sik be Arms ute Schullern, un rekelt sik ut in sin Grashof.

---

1 Haufen.

De hett de Friheit umsunst, vær Rum brukt de nich to
 sorgen,
Lankhin streckt sik sin Garn, æwern Tun hin rükt he sin
 Weidland!

Anners is 't inn Ort, vær den Börger, vær den Ge=
 werker!
De mutt allens betaln, so ward em allens ok leeflich:
Sünn un en Stück blaue Luft! en Eerdklutt, wo he en
 Kirsch plant!
Lütt beten Blædergeruch vun en Linnbom oder en Eschen:
Allens is em wat weerth un spart em ok, Törf oder Gas=
 licht,
Weern't ok man Steweln un Schoh, wenn de Steenbrügg
 rein na sin Hus föhrt.
Wahn man mal Een in en Strat so enk un small as de
 Sacktwiet,[1]
Nawers achter un vær, un Wäsche vun baben un ünnern!
Dat is en anner Kummin![2] as wenn man, Süden vunt
 Markt rut,
Temlich to Enn vunnen Ort rechts af na Lampe sin Hus
 bögt!
Grabut wannert de Strat, værbi geit sauber de Fotstig,

---

[1] schmale Gasse, an einem Ende verschlossen.   [2] Eintritt, entrée.

Awer torügg inne Schul,¹ wo de Linnbom breet sik herut=
  streckt,
— Noch is Platz vær de Dœr to en Nelk un en Tulk un
  en Zittlösch² —
Sünd der Finstern so blank un Geweln so grön un
  Schösteens
Sünd dar as Meerschumpipen mit Petum,³ eben eerst an=
  smökt,
So anmodig un warm, un een wo Lampe ut rökert.

Nich keen niebu'te Hüs', un keen mit Thorns oder
  Arkners⁴ —
Lampe sin gar weer old; wa Mennigeen harr dat al op=
  nahm
In de lütt Dœr ünnern Bom mit den blanken afgrepen
  Drücker,⁵
De mal recht derin dacht to leben un to geneten!
Mennigeen! munter to Fot un dat Hart vull Freid oder
  Hæpen —
Och un se drogen em rut, un de Dœr war achter em to
  makt,
Un de Drücker, so blank — sin Hand de fat em nich
  wedder!

---

1 Im Schutz. 2 Zeitlose, Colchicum, auch Narcisse. 3 Art Tabak,
petum optimum subter solem. 4 Erker. 5 Thürgriff.

Dar harr en Bäcker al wahnt, Brot backt wenn Annerlüd
slepen,
Slapen wenn Annerlüd wakt, Hembsmauden¹ lopen in
Winter,
Arms opkrämpt, barbeent,² un sungn — dat schall langs
de Gastwurth!³
Denn weern de Leder verstummt, de Bütelkist harr nich
mehr klappert,
Keen warm Stutengeruch keem morgens fröh ute Husdöer,
Kold stunn achter de Aben, vull Röben Winters un Wur=
teln, —
Doch de Linn un de Sünn un de Drücker — se schin' der
as jümmer.

As do de Slösser dat koff, ol Kleen, wer kann dat
noch denken?
Das nu her al en Tid — de Weid' weer do noch en
Sandkul,
Nich en Hus noch en Bom, wo nu de Strat mit de Garns
löppt,
Abends de Lampen der brennt, un Summers in Schatten
der Lüd sitt.
Wedderum lev dat do op, in den Backaben puß de ol
Blasbell,⁴

---
1 in Hembsärmeln. 2 barfuß. 3 Eigenname einer Straße. 4 Blasebalg.

Hamers un Ambult¹ de klungn, un dat Hus keek blank
ute Schiben. —
Nawers keem' ber do geern, ol Kleen vertell un much
snacken,
Heel en ol drulli Kumpan! de Swiegervatter vun Lampe,
Les ok de Zeitung wul vœr, de flegen Merkurius domals.
Sünndags weer dat sin Amt, vunne Kark glik gung he
na't Posthus,
Un wer nieschirig weer keem Abends un hör se em lesen.
Jungelüd lepen dar ok vunne Nawerschop, de sik dar
dropen,
Seten un klœn mit de Oln, un wesseln en Glup² mit de
Dochder,
Oder Een keem um en Rath, wenn de Koh de Büst inne
Been trock:³ —
Blot to stilln mit den Stock verstunn ol Kleen as en Cur=
smid.⁴
Doch gegen't Fewer verschriben dar harr he keen Dülben
un Globen.

Nu weer't Lampe sin Hus. In den Backaben smöllt
he sin Mischen,
Got un raspel un fil un vertell sin olen Geschichten,

---
1 Amboß.   2 Blick.   3 Besondere Krankheit der Kühe.   4 Vieharzt
der zugleich Schmied ist.

Sülbn nu old un vergraut, doch jo nich drang un en Grisgram.
Dat harr he arvt mit dat Hus, dat steek noch in de oln Müern,
Singeltrütjen¹ weern dar noch her vun den lustigen Bäcker,
Un vun sin Swiegerpapa son Anstrich, sä he, vær Lüden,
Dat se geern bi em keemn un hörn wa he klæn de un arbeid.

---

1 Heimchen, als Zeichen frohen Lebens.

III.

Natverschop.

Summer weer kam æwer't Land, un trock in Dæren
un Finstern.
Ok in Lampe sin Huß de Dær mit den Drücker stunn apen.
Grön weer buten de Linn, un de Bank darünner weer
schattig,
Lank de Dag, un mitünner en Stunn wul æwer to'n
Snacken.
Keem de Meister ok oft man blot mal lank langs de Husdel,
Blot mal ruter to sehn un mal æwern Drüssel[1] to ruken,
Fil inne Hand un en blank Stück Wark wat he kenter[2]
un naputz,
— Jümmer gift dat so Dingn, de sik fogt[3] na de Hand
un so umlopt,
Ahn vel Denken un Sehn, man schufft de Brill ute Ogen —
Keem he so, rund as he weer, un trübbel mal rut vær de
Husdær:
Süh, so muß dar en Ros' doch gar to sunnerbar ruken,

[1] Thürschwelle. [2] rasch umwenden. [3] fügen.

De em dar blöhn anne Sit, twee Büscher, de een en Pro=
vinzros',
Oder sin Buschbom um dat Rundeel, dat lütt, ünnert
Finster,
Dumslank, nüdlich bescharn, de harrn de Lünken¹ em
blotkratzt,
Dar muß he püsseln un don, un dat Warktüg war oppe
Bank leggt.
Huck he denn awer man eerst, so sehl en Nawer man selten;
Lank sünd ok je de Dag', un en Stunn to'n Snacken sacht
æwer.

„Ei, de Lünken sünd arg!" seggt Meister Nawer de
Slachter,
Kumt opkrümpelt herut, breet vær en sneewitten Platen,²
Noth dat Gesicht un de Arms, „de Lünken sünd as de
Hæfen!³
„Utverschamte Geselln! Min Antje föhrt Krieg mit de
Deutschers!⁴
Fröhjahrs luckt se er Arfen⁵ un scheet bi de Arbeit kopp=
heister,⁶
Dat't en Pläseer is to sehn, wenn't Frunsvolk blot sik ni
arger,

---

1 Sperlinge. 2 Schürze. 3 Habichte. 4 für Teufel, ein gelinderer
Ausdruck. 5 Erbsen. 6 kopfüber.

Summers plückt se er Kirschen, un fret mit er Höhner inn Winter.
Ne, se kumt ni herut, so rasselt son Bann inne Dornheck,
Wendt ni den Rügg um to gahn, so kratzt al en Dutz in ern Weten.
Antjemöm,¹ segg ik, lütt Fru, lat se kratzen, und plant du Kantüffeln,
Seker is seker, Kantüffeln mit Solt de lat sik wul eten
Mit en Stück Büffelemod!² de grönen Arsen sünd Luxus!"
Darmit seet he al fast und krüz de Arms œwern Platen.
„Is din Dochder ni mit? min Frunsliid sünd na dat Warkhus,
Das je en groten Halloh mit dat Inwihn hüt un de Reden!
Blöm un Grön hebbt se dragen al sit fröhmorgens bi Körf vull,
Maien un Eken un Böken — dat gift to kiken un snacken!
Middag lohnt dat wul kum, as kole Kœk un en Kaffe."
Seggt he un lüfft sik den Kopp. „Mi weer't to warm inne Angströhr,³
Rock un Kamsol. Dat Hus heff ik sehn, dat is je wat Staatsches!
Optreppt vœr anne Front, de Fotborrns bonert,⁴ un Treppen

---
1 Muhme Ännchen, Rosename. 2 boeuf à la mode, gedämpftes Rindfleisch. 3 Cylinderhut. 4 mit Wachs abpolirt, gebohnt.

Allens gewichst, dats wahr!"

„Ja wul, seggt Lampe, dat fehlt nich,
Ansehn hett't vær den Ort, un doch — ik mag dat ni liden!
So en Gebüd as en Sloß, mit Treppen as haut uten
Marmor
Jüs to't Gerassel herop vun holten Tüffeln un Krückstöck —
Dat paßt gar nich tosam! seggt Meister as war he ver=
dreetlich.
Ne, min Anna is ut, se much ni, se is na uns Wisch dal,
Wi hebbt Meihers hinut, dat Gras versort oppen Stempel¹
Bi dis Drögde un Warms, se süht mal'n beten nan
Rechten.
Ne, er drückt dat de Seel! Se harr je noch jümmer dat
Arfstück
An den oln Bäckergeselln, den dowen, noch vun den Bäcker
Al vær min Swiegerpapa, de hier inn Aben noch backt
hett,
Den versorg se so wat — du kennst em je, unsen oln
Detelf.
De muß nu ok in dat Hus, un jammer hier rum ton Er=
barmen,
Dat is er bitter int Blot!" Un Meister den weer't ok wul
bitter.

---

1 vertrocknet auf dem Halm.

Den dat awer ni rak,¹ dat weer uns Nawer de
 Slachter,
Arger de fat nich op em, as Water nich fat op sin Köter.
Strewi² seet he barher un snurr un trumpeet mit de
 Lippen,
As sin Gewohnheit weer, un keek sik hægli³ int Wedder.

„Süh in's! röppt he denn lud! süh an! kumt dar ni
 de Umtog?
Fahnen wahrrafti værop! so recht! un merrn⁴ innen
 Fahrweg!
Rechtschaffen Stuff hört darto, as Regen hört to en Jahr=
 markt!
Hundn un Junges bi an, ol hinken Wiwer as Natrapp!“
So wat weer sin Vermak,⁵ denn keem he flink op sin
 Beenwark,
So, bequem inne Neegd, vun baben kiken un reden!
„Süh doch, wat der ni levt!“ un betrach den Tog mit
 Behagen.
„Schösteenfeger,“ so seggt he und wif't, „is jümmer doch
 nobel,
Dat mutt kam vun den Rok, dat kriggt en Smack as de
 Schinken,
Abgewaschen un börrst — en Leckerbittjen vær Damen!

1 anrührte. 2 fest. 3 behaglich. 4 mitten. 5 Vergnügen.

Is ok jümmer darbi, oppen Ball mit Vagt un mit
 Schriwer,
Hier mit de Möllers tosam to Strat — as unsaubre
 Bröder!

Dat is min Burß ganz anners! de hollt sik eensam in
 Schatten,
Süh! betrach di em mal! de steit mit de Mull¹ as en
 Sünnschirm
Un œwersüht dat vun Feerns — en Philosoph is de
 Bursche!"

Lampe de smuster vær sik. Doch ging't ni ahn en lütt
 Arger:
„He mit sin Schullern," so seggt he, „de Goldsmid kunn
 je nich fehlen!
Näs un Meerschum² værut, un kikt as söch he sin Kalwer!³
Wa Een dat argert, son Volk! Versteit keen Drüttel⁴ to
 smölten,
Awer dat löppt oppe Strat, dat rebt oppen Eggn⁵ un int
 Weerthshus
As en old Klockengehüs,⁶ wo de Parpentikel in uthakt.
Dat is mi recht vun de Art! Besüht de Kinner ut't Armhus!

---

1 Mulde. 2 Pfeife. 3 sprichwörtlich für einen dummen Blick.
4 Thalerstück. 5 Gemeindeversammlung, eigentl. Ecke. 6 Uhrgehäuse.

So is't as he dat mag! de Schol is ok je verleggt warn,
All vær sik in dat Hus, un en Lehrer mit in de Armoth!
Nikdom lehrt nu wat anners un kriggt sin egen Kat=
kismus!"
Darmit sett he sik hin, as de Dag den Fotstig værbitrock.

Kinner weern dat en Tropp, rein wuschen, in rennlige
Kleder,
All œwereensfen in grau, de Junges mit nüblige Mützen,
Mädens mit opflechte Haar, ganz lüttje de wackeln un
draben.
Alle vergnögt un behögt, as gung de Weg na en Danzhus,
Trocken se rund um den Ort, langs alle Straten un
Stigen,
Ok an Lampe værbi na de Weid un dal langs de Gast=
wurth.

Nawer uns Meister de Slachter de hæg sik: „Süh na
de Gæren!
Wa de Deutschers marscheert! In de Jungs stickt glik en
Soldaten,
Wenn der en Dutzend tosam, un gar in en Stück vun
Mondeerung!
Dat is recht min Vermak! ich mag wul, wenn se Courage
hebbt!"
Segg he un keek achterna, as mählig de Tog umme Eck bög.

Lampe awer vergeet gar licht dat Wrækeln¹ un Mäkeln,
Hægli seet he dar her, as gev't en Fierdag extra,
As dat wul gift innen Ort, of wenn nix Sunnerligs
los is.
Nawers lopt der herut, dar löppt de een to den annern,
Een den Hamer in Hand, de anner en anner Stück Reit=
schop,
Schotfell vær oder Schörrt, de Gedanken noch half inne
Arbeit,
All oppen Sprunk' bi 'n Snack, un hilt bi 't Wort, dat
der umlöppt.
Denn son Wort inne Flucht is söter as menni en Predigt,
Swar is 't wedder to gan, un endlich blifft man tohopen:
So warb't Fierdag mit, een extra ahn de Kalenner.

---
1 tadeln.

IV.

Besök.

Geestburn rükt dat herut, wenn 't en Leben inn Ort
    un to sehn gift,
Keen Spektakel un Larm — sünd 't Berieders oder de
    Snieders:
Optæg treckt se mit op, un Umtæg treckt se mit rummer,
Seggn un don do't se nix, un stat mit ęr Alldagsgesichter,
Sünndagsmützen derop, un kikt, as weer't en Geduldsprov.
Anners — wa kamt se denn hęr ut Offenbüttel un Lehrstall,
Bun Süderhaftęd hendal, vun Linnern oder Palhude?
Milen sünd dat to fahrn — un Geestburn sünd der doch
    jümmer.

Ünner de schattige Linn — de Nambag glöh oppe
    Steenbrügg,
Langs de Straten un Stig — heel en Wagen bi Rothge-
    ter Lampe,
Kürwagen,¹ achter mit Korf, merrnin de Sitzen mit Küssens,

---
1 offener Staatswagen, Stuhlwagen.

Wefe, mit Feddern utftoppt; inne Boos¹ verpuften de
Brun fit,
Twee fo glatt fe man weidt op en Wifch twifchen Eider
un Elfftrom,
Bleßte, tamm as de Schap, un lat fik locken as Schothunn,
Klok un krütfch² as de Muppfen! — Dar! pruft fe nich
gegen uns Water?
Pumpenwater is hart, fe drinkt to Hus uten Quellborn!
Kærfch³ is de Bur un fin Veh, de föhrt en Leben as
Prinzen!
Awer'n Gefchirr vær fon Per — en Schann noch weert
vær en Störrtkar!
Nich en Stangtom mal ut Metall! Keen Ring anne Schu-
klapp!⁴
Halters⁵ ut gris linn Gurrt, keen mifchen Knop annet
Seltüg!⁶ ...

Meifter de püffel dar rum, un gev de Brunen to
drinken,
Hung dat Gefchirr anne Wand un fnack mit fik un de
Beiden
As he fo ftunn un betrach, un harr fin Hart in Gedanken,
Bald en Tom inne Hand un bald wat anners in Ogen,

1 Kuhftall. 2 wählerifch. 3 wählerifch. 4 Scheuklappe, am Zaum.
5 Halfter. 6 Zuggefchirr, Stränge.

Oder en Wort oppe Tung, as hör he reden un Antwort.
„As de Prinzen, jawul!" so snack he sacht mit de Bleßten,
Klopp se œwer de Schuft¹ un strak se œwer den Bogen;
De sik strecken vær Wel.² —
   Sin Vetter hörn se ut Bunsoh,
De weer of innen Ort, un nu to Mark mit sin Süster,
De em sin Hußstand föhr — en grote Fründ vun sin Anna,
De se mitünner mal baln un geern op wekenlang mitnehm',
Summerdag, wenn dat ins paß, — nu weer't je frilich
     ni mœglich,
Sit er Moder to Grav — de gude — och! nu wa lang al! —

  So stunn Meister un dach, beseeg de Per un dat
     Seltüg,
Seeg sik um inne Voos un œwer de Dœr innen Sünnschin,
Stunn un seeg inne Luft, as gingn den Weg sin Ge=
   danken.

  Awer bi an, inne Stuv, de dar kramn deit — is dat
     uns Anna?
Strohhot noch inne Hand, kum hett se den Fot inne
    Dœr sett:
Doch gat de Ogen un sött al rum ünnerwegens na Ord=
   nung,

---

1 Vorderbug. 2 Wohlsein.

3

Un keen Gang bœr de Dörns,¹ so wischt un stellt de lütt
Fingern
Hier en Stohl anne Sit un hier en Stuff vun den Kuffer,
Treckt an de bunten Gardin umt Bett de Folen un Krüsen,
Un as en Spor wo se geit, is't achter er sauber un eben.
Kamer geit apen un Kuffer, de Tassen kamt op den Klapp-
disch,
Dischbök bredt sik darünner — echt egenrebte² ut Damast —
Moder hett se noch spunn ern letzten Winter, de gude! —
Allens rückt anne Stell, as keem se blot in um to winken,
De doch kumt uten Feld, in Il, ut Arbeit un Hitten.
Vader harr rut na er schickt, de Gesell muß hinut un er
Bott³ bringn,
Burß un allens weer mit, nich Kœl⁴ noch Rok oppen
Fürbeerd!

Glücklich drippt se dat noch, dat de Fremden noch ut
un to Mark sünd,
Nu is doch wenigstens Tid den Kaffe to kaken un klären,
Rohm uten Keller to haln, frisch Brot und egenbackt
Stuten!⁵ —
Wa sik dat köhlig dar wahrt! de Melk is sunst nich to
bargen

---

1 Wohnzimmer.   2 selbstgemachte.   3 Botschaft.   4 Kohle.
5 Weißbrot.

Bi son mulstrige Luft, — de dreiht sik¹ al bet de Middag!
Keller! dat geit der doch mit! ok noch so lütt un so
 schummrig!
Dat is en Schatz vær en Hus! — Un en Ehrgiz is he vær
 Anna!
Rein de Luft is al schön! — de köhlt er Athen un Bossen,
Frisch de Geruch un de Duch!² — Se kikt in Pütten un
 Setten,³
Rükt de Botterkruk na, un pröbt de Stabben⁴ vun güstern,
Fingern spitz un de Mund, un tippt anne kirschroden
 Lippen.
Lang doch hett se nich Tid, se snitt den Schinken in
 Schiben,
Snitt in Dalers de Wurst un bredt se sauber op Tellern.
Denn, mit de Schütteln in Hand, den witten Arm um en
 Grofbrot,
Noch inne Fingern en Guß,⁵ lichtfarrig stiggt se de
 Trepp rop,
Füllt den behäbigen Disch un seggt: sieh so! nu is't redi!⁶

1 wird sauer.   2 Duft.   3 breite Gefäße für Milch.   4 Holzgefäße
für Milch.   5 Gefäß zum Ausschenken.   6 bereit.

V.

Lütt Twischenspill.

Dat harr Nawer wul markt? He keem un glup bœr de Ruten.¹

„Wetter!" seggt he un keek, „lütt Anna, dar mutt ik wul hölpen!"

Anna weer sin Bertog, he harr keen Kinner, un klucker
Al inne Weeg mit er rum, un noch, as weer se sin egen.
Morgens, bi Tiden to Gang', plegg he, blotkopp un hembsmauen,
Meistens al rummer to singn — sin Frunslüd slepen as Dachsen,
Nich to vermünnern,² vertell he, un wenn ok de Sünn se int Nest schin.
Anna weer lichter vun Blot, de harr en Natur as en Vagel,
Weer mit de Höhner vunt Reck. — So keek he denn blid in er Finster,
He un de Sünn um de Wett: ob de Kaffe al damp un de Rullbröd.³

---
1 Fensterscheiben. 2 ermuntern. 3 Art Weißbrot.

Denn en Köppen¹ værut, un en Mundvull to en Gun=
 morgen,
Fründlich, as Anna dat gev, sin Annaken, as he denn
 seggn de,
De em den ganzen Dag gut!
 So glup² he nu of dær de Schiben.

Anna nödig em in. Un as se herut vær de Dær leep,
Keem of Vetter dunt Markt, un Vatter keek ute Bosdær.
Frunslüd hebbt je to snacken! De Süster keem mit en
 Schörrt vull,
Inkofft harr se ant Markt, se wis al Anna int Gröten,
Snack vun Pris un de Waar, un wat se nu dochen ver=
 geten!
Mundgau weer se so wat, oldveltig³ un lütt beten hinken.
Gahn war er sur oppe Steen. Se pust un huck anne
 Bank dal,
Wo of uns Nawer al seet un re mit de Bur vun den
 Vehstand.
Awer Anna de frag': ⁴ Nu kamt, un lat jüm dat smecken!
Kaffe is klar⁵ oppen Disch! Herr Nachbar, kamt Se mit
 rinner.

1 Köpfchen, Obertasse. 2 neugierig gucken. 3 alt von Aussehn.
4 nöthigen zu Tische, zum Essen und Trinken. 5 fertig.

VI.

En Indrag.

Dar nu seten de Dree — as de Frunslüd schenken un
nippen —
Breet un fast annen Disch, un klæn'n un leten't sik
smecken.
Nawer de smus' as en Kenner, de wähl dat Brod na de
Rinn ut,
Snee den Keés' ute Merrt,¹ un lę den Rohm oppen Kaffe,
Pröv blot Anna ęr Wurst un læv² ęr Botter un Schinken.

Ehrbar eet wäbrend des de Bur ęr Vetter ut Bunsoh.
Rubig is je de Art, doch seeg he klok uten Ogen,
Fast un seker, en Mann, — nicht jüs opt Theater to
wisen,
Oder in Rahm ünner Glas — oppen Hof awer ganz op
sin Placken.
Wo de sin Ogen hin gat, dar seht se un lat sik ni dregen.
Saaten kennt de un Korn, mit Grund un Boden derünner,

---
1 Mitte. 2 lobte.

Wischen kennt he und Dreesch,¹ un't Behwark œwer de Grasung.
Weet sin Brunen dat nich, de he leidt, un weer't an en Tweernsdrath?²
Weet dat nich Knechen un Jung? Wenn he wit inne Feern œwer't Feld kumt,
Kikt se beid langs de Plog, ob de Fohr of liggt na en Linholt.³
Brok⁴ un Hölter un Busch de ligt em mit op sin Wegen,
Is't doch en Sünndagspläseer to sehn ob de Böken al grön' do't,
Un wenn de Nachdigal singt, twars deit he darœwer keen Feilschuß,
Wenn he jüs Reinke betrappt,⁵ de de Küken em stehlt uten Grashof,
Awer he weet, wo se bu't, un hollt de Hœf⁶ vun er Nesten.
Œwrigens is he wat hart, sin Hann sünd grof, as en Rivholt,⁷
Arbeidn is sin Bedriv, „sik sur don" seggt he mit Nadruck.
Arbeidn mutt em sin Knecht, sin Magd, un allens wat sin is,

---

1 Ackerland in Weide. 2 Zwirnsfaden. 3 ob die Furchen gerade liegen, wie nach einem Lineal gezogen. 4 Bruch, Wald. 5 überrumpelt. 6 Habicht. 7 Reibholz.

Sur don mutt sik de Minsch, un schon' deit he höchstens
sin Brunen.
Bader selig un Moder, wa hebbt de wirkt in ern Leben!
Bader in Schün un opt Feld, un Moder in Kœk un in
Keller!
„Flitig un ehrlich!" weer er Gebot un de ganze Ver=
heißung.
Darmit keemn se ut't Bett, un darmit len se sik slapen,
Darmit recken se ut er Leben lang: ehrlich un flitig!
Darmit len se sik hin getrost to den ewigen Slummer.
Wat man sunsten so lehrt inne Schol bi dat Reken un
Schriben,
Bi'n Katekismus un so — dat warb doch allens vergeten.
Nödig is dat je twars, un gut wat to lehrn un to weten,
Ot mutt en Christenminschen to Kark un holn an sin
Globen:
Œwrigens Jeden sin Plicht de seggt sin Geweten em
sülben.

Ehrbar seet nu de Bur bi sin Vetter to eten un
drinken,
Sprok darbi sik ni vel, un blot sin Ogen de wannern,
Segen sik noch enmal um inne Stuv, wo he allens doch
kenn de,
Segen, wa sauber dat weer un ordentlich bet inne Ecken.

Un denn keemn se wul rum, un segen op Anna er Fingern,
Anna er rundligen Arms un op er Hals un er Bossen,
Wannern denn æwer er Kopp mit de Flechten dick uten Nacken,
Un denn na't Finster herut — denn Anna sprok mit sin Süster,
Hilt,¹ as Mädens dat hebbt — oder harrn se vellicht wat Besunners?
Anna er Backen de glöhn, un iwrig sprok Peter sin Süster.
Ja as de Hunger man stillt, un de Mannslüd leten sik tragen,
Winken de Beiden sik to, un wannern herut na de Hofsted,
Arm in Arm langs den Garn und harrn dat heemlich un wichtig.

Ok de Männer in Stuv, as Eten un Drinken værbi weer,
Læhn'n sik torügg inne Stöhl un keem allmählig int Snacken. —
Dat is doch nett innen Ort, seggt Peter de Vetter ut Bunsoh,
Mi is't jümmer'n Pläseer so rin to kam langs den Lannweg,

---

¹ eilig.

Rœwer to fahrn œwern Markt un mal herummer to slen=
bern.
Driftiger is hier dat Leben un munterer all dat Bedriben.

Ja, seggt Rawer de Slachter, opmunterli is't innen
Flecken!
Jeden Morgen frisch Brot, un frischen Braden des
Sünndags,
Winters hebbt wi de Swin, un Fröhjahrstiden de
Kalwer!...

Allens natürlich umsunst, lacht de Bur, un verschenkt
dat ok wedder!

Nę, gewis ni! Umsunst is de bittre Dod, seggt de
Slachter,
Lütten Verdeenst un Rusanz' hollt Handel un Wandel
lebennig!
Doch, verdeen', seggt de Bur, un kopen kann sik en
Jeden,
Dat is de Sak de ik meen, dat Fortkam' ward jüm hier
lichter.
Na, nu man to! seggt Rawer, nu snackt gar de
Buren bunt Fortkam'!

---

1 Umlauf, Umsatz, von rouler.

Opfrigen¹ muſſen jüm ſeggn, dat ward jüm ſur in diß
Tiden!

Dar 'ß nich de Red vun unß Burn, weer do de Bun=
ſoher ſin Antwort,
Wer wat hett in diß Tid, kann wen, de mag ſik wul
bargen,
Ob he ſin Laſten ok hett un am beſten weet, wo em de
Schoh drückt:
Awer Annerlüd ok wüllt leben, un beter aß fröher.
Kum wo en Krüzweg föhrt, un weer't ok merrn inne
Heiloh,²
Sett ſik en Krogweerth dal, un bu't en Kath mit en In=
fahrt,
Hollt ſik en Buttel mit Rum, tein Glæß un en Anker mit
Brannwin,
Un denn ſteit he vœr Dœr und gröt Cen, wenn man heran=
fahrt:
„Nachbar! er Fahl³ weer int Borrnſch!⁴ un harr ſik faſt
innen Lehm pett,
Tofälli war ik dat wiß un heff em vun morgenß heruthött!"
Mutten⁵ nich danken un holn un probeern en Glaß ut
den Buttel? —

---

1 Verzehren, aufzehren.   2 Helde, Wildnis   3 Fohlen.   4 Tränkſteſte.
5 muß man.

Bessenbinner sin Hus, versteit sik, is in de Neegde,
Rüsbessen bindt he ut Wicheln,¹ de snitt he Nachts ut min Knicken²
Un verkofft se mi Dags, un deit mi ok en Gefallen.
Denn bu't en Püttjer³ sik an, en Wewer söcht dar wat Egens,⁴
Bald kumt en Hæker darto — un Nawer kofft den Tabak dar,
Nu noch en Kræpel⁵ en Snieder, de Sünndags to Danz oppe Fleit spelt,
Un en Zigeunerbagag' mit en Orgel — un klar is de Sippschaft!
Wovun levt se tolest? ut Gefalln, vun de Nachbarn, de Buern —
Opkrigen mæt de je seggn, dat ward se sur in dis Tiden!

Ne, dar fehlt uns de Drift,⁶ de Lüd de sünd nich betriebsam,
Hungert un lungert to vel un lurt man jümmer opt krigen,
Allns schall gahn mit de Licht.⁷ Dat sammelt sik welke Kantüffeln,
Vader de fangt en paar Aal un steit den Dag anne Au rum,

1 Weiden. 2 Hecken, Zäune. 3 Töpfer. 4 etwas Eigenes.
5 Krüppel. 6 Energie. 7 mit Leichtigkeit.

4

Fru mast Summers en Swin vun de Bur sin Kaff¹ un
sin Affall,
Annereen graf't sik en Zieg an de Bur sin Wall un sin
Wegen,
Meent noch wat rechtes to don un snackt vun hegen un
sparen —
Alle so lickt² se an uns, un alle læhnt se an uns sik,
Alle slau un politsch, un richtig klok doch so selten!

Vetter, seggt Meister darop, du strikst din Lüd mitten
Theerquast.
Dit Colonistengeslecht dat hebbt wi eerst recht innen
Flecken.
Gah mal de Straten herut, un wenn der ok sæben inn
Ort sünd,
Jümmer dat Enn is en Mœhl un de Windsäck wahnt
dar herummer!
Scheerenslipers er Plog,³ Opköpers vun Plünn⁴ un vun
Knaken,
Vun ol Koppergeschirr, as ik oftmals bruk un er afnehm,
Wenn't nich Hehlers un Dev — de Sebenbinners de
hus't dar,
Mus- un Röttenfallmakers un Hak- un Öschfabrikanten,
De se bögt oppe Strat int Gahn, un sökt wat sik finn lett.

---
1 Spreu. 2 lecken, schlecken. 3 Sippschaft. 4 Lumpen.

Dat is de Slach innen Ort! Oppen Dörpen dar sünd se
so arg nicht,
Dar is de Luft to gesund, de Guden weegt dar doch æwer,
Knecht un Diern vunnen Lann de sünd noch jümmer de
echten.

Awer se ward nix bi uns as Knechen un Dierns, seggt
de Vetter,
Alle Gelegenheit fehlt, se sünd Maschin' und se blivt dat,
Hier, en Mann de der will, de kriggt den Kopp uten
Busch rut.
Weer't ni de Bäcker ann Pohl? Du hest em je sülben mit
hölpen —
De nu wahnt as en Prinz, un leep as en Jung hier to
beteln?
Nawers lehn em en Platz op en Jahr, wo en Aben he
opsett,
Teglers[1] borgen em Steen, en Möller de Mehl oppen
Værschuß:
Darmit bäcker he los, un mak sin Brot, dat't en Lust
weer.
Nu is allens sin egen un he en Mann de der wull hett.
Dat makt de Drift inne Stadt, oppen Lann is so wat ni
mægli.

---
1 Ziegeler.

Gar nu, de der nich wüllt, wer kann de dwingn oder
 driben?
Winters ligt de herum en Christenminschen ton Jam=
 mern,
Værjahrs waßt er de Moth en Flitigen redi ton Ärger.
Weern wi Burn uns man enig, en Warkhus harrn wi ok
 nödig.
Ik hefft vun morgen besehn, oppen Art kunn wi dat ok
 maken.
Wer nich will un nich mag — hier kann man de Slechten
 doch meistern!
Hier is doch Ordnung to holn, und de Jugend verdarft
 der ni gänzlich!

Bliv mi weg mit dat Hus, seggt Lampe, dat is mi
 en Ärger!
So wat kennt Ji man nich, dat schafft min Dagen nix
 Gudes!
Ob dat grot oder lütt, en ruges Hus oder en glattes —
All wat dar rin kam' beit oder rut kumt, dat is ver=
 dorben.
Ordnung makt man dar licht in Wör, in Stunn un de
 Arbeit,
Awer dat Hart un Gemöth dat geit to Schann un in
 Scharten,

As op en Miststell wasst dar nix as Netteln un Kliben¹
Wat du of plantst un sei'st, un de Kinner verdarft inne
Wurtel.

Æwrigens læv² ik den Ort, un mutt em læben un
leef hebbn,
Seggt he un wisch sik den Kopp, as wisch he Arger un
Sweet af,
Mennigeen gift he sin Brot, un mennigeen gift he sin
Freiden.
Weer ik nich her versla'n, wull weet wadenni mi 't gan
weer?
Blotarm keem ik hier an, nix um un nix inne Taschen,
Nix oppen Liv as min Hemd, un nix innen Kopp as min
Ogen,
Blot en vergnöglich Hart un gesunne Arms, un den
Willen.
Warrn wull ik wat, dat weer't, un dat weer all min Ge=
wisses.
Wi keem'n eben torügg ut Frankrik, dar weer ik mit wen,
Harr dar min Saken belevt un makt un dan as de Annern.
Dat gung mennigmal hart, vun een Ort jümmer na'n
neegsten,

---

¹ Kletten. ² lobe.

Hunger un Kummer bi an, un Gefahr værn Lęben un Knaken.

Mennigeen full der bi rum, de Kugeln weern nich dat Argste,

Starben weer nich dat Slimmst. Wa wünsch ik oft, dat ik dot weer!

Awer int Abendquarteer, denn wusch un snee ik min Likdorn,

Dat ik man lopen kunn, un dat sure Lęben man opheel.

Bærwarts muß wer der kunn, un wi keemn un denn lepen de Annern,

Denn wi keemn as de Fiend, doch ębn son arm Lüd as de lepen.

Nöß,¹ warum, wuß Keeneen. Doch lehr man starben un lęben.

Dat is de Krieg. — Mit enmal do seten wi hungrig in Fręden.

Awer ik dach: Par bleu! Twee Hann, keen Fiend noch Kommando —

Dat muß wunnerli kam, wenn't nu keen seker Quarteer gev!

Also ik frisch oppen Weg un arbei, wo ik wat finn de,

Arbei bi dissen un jen', bi Kramer herum un bi Hæker.

---

1 nachher.

Abends leep man denn wat, un keem in allerlei Hüser,
Junk un frisch aßen¹ weer, un vertell vun Kriegen un
        Fahrten.
So of leep ik der oft bi en blinnen Mann uten Elsaß,
Josep sän wi to em, blinn Josep oder de Gürtler.
Weer en absunnerli Mann, de geern mit junge Lüd um-
        ging,
Weer so wat vun en Docter un harr wat Frembs inne
        Utreb² —
De hör geern vun den Krieg un all min Fahrten un
        Snacken.
Mennimal war he denn lud un röhm den Held Bonaparte,
Oder he war ok mal week un sprok vun to Hus un den
        Elsaß,
Gut un fram as he weer. Ik muß em öfter wat lesen
Ut en Bok mit Gesängn un de Psalm un de Sprüch uten
        Sirach.
As de so na un na hör vun min Arbeidn un min Ge-
        danken,
Seggt he mal: Lampe, wat meenst? du hest Geschick to
        den Handel!
Ja awer handeln! wat denn? Doch wuß he dar ok en
        Rath to.

---

1 als man.   2 Aussprache.

Nu beschrev he mi dat, Tinnknöp¹ to geten, as sülwern,
Un as dat endli gelung, of Spangn un tombacken²
Broschen.
Denn dat kenn he genau un harr noch Forms un Gereith=
schop.³ —
Dat weer min lütten „Fangan!" Jk bunn min Knöp in
en Snuppdok,
Spangn un Broschen darto un wanner to Lann, „oppen
Handel."
Nu, dat gung ni so gau, un gung nich allens pläseerlich,
Awer dat gung; ik verkoff un kreeg wat Geld un Be=
kanntschaft,
Noch mehr Moth un Courage. Jk sett min Knöpen bi
Dutzend
Reegwis oppen Papier, min Spangn un Broschen in
Schachteln,
Stell mi to Markt Sünnabnds en Disch un en Stock=
schirm derœwer,
Eerst bi de Karkhofsmur — un leet der lachen de Lust harr,
Wenn 't of de Goldsmid weer, de mi frag na Löth⁴ un
Karaten:⁵
Krat du man los! dach ik, de Krætigen⁶ sünd nich de
Taagsten!⁷

---
1 Zinnknöpfe.   2 Tombak, eine Art Bronze.   3 Geräth.   4 Fein=
gehalt des Silbers.   5 Feingehalt des Goldes.   6 Übermüthigen.   7 Zähesten.

Aller Anfang is sur! En Narr, de sik schu't vær de Af=
gunst!
Nam is nix as en Blam, lat em Lothgeter seggn oder
Gelsmid —
Ehrlich is de Bedriv! „Kamt Lüd, so sä ik, un kopt
man!" —
Kopen dẹn se. Un bald, so harr ik en Bod¹ mank de
annern,
Dicht bi den Goldsmid bito. — Genog, en Rothgeter
war ik,
— As je de Meisten mi nömt, Gelgeter is doch dat Wort
sunst —
Lehr dat zünftig mal na in Friedrichstadt na de Ge=
brüken.

Ja, de lütt Ort is sacht gut, un de Weg weer nich
æwel² to wandeln!
Darvær dank ik den Herrn! — Un he rich de Ogen na
baben. —
Gev dat ok Disteln un Dorn: dat gev ok Rosen un
Früchten.
Mähli dat wassen to sehn, un bęten bi bęten to planten,
Jümmer wat drister dat Hart, un jümmer dat Köppelsch³
wat friher:

---
1 Bude, Zelt. 2 übel. 3 Kopfbedeckung, für Kopf.

Dat's en Pläseer op den Weg, dat ward nich Jedereen
boden!¹
Endlich en Hus wat Een hört, un en Fru so gut se man
söcht ward —
Ja ik dank dat den Herrn!
Un doch, if mag ni recht wider!
Iwars de Arbeit is gut un hollt Een frisch un beweglich,
Un as de Warkeldag geit, so geit' en so dägli ok ver=
warts,
Awer so recht mit de Lust, dat'en² morgens man lurt oppe
Dämmern,
Fröhlich röppt mit den Hahn un dat Hart een lenngt³ na
de Arbeit,
Wo man nachtens vun drömt — so will't nich mehr in dat
Öller.
Ja weer min Fru mi man blebn oder harr if en Sæhn
inne Warkstęd!
Süh! de Welt is in Drift, un mit to kam ward jümmer
surer!
Dar hört Kräften darto de junk sünd, Hæpen un
Ehrgiz,
Un de feilt mi hagrad. Mi ärgert de lumpen Fabriken
Un de Gesellen darto, Fabrikgut, eben so lumpig!

1 geboten.   2 daß man.   3 sich sehnt.

Weerth un Würdi¹ geit to Grunn, un Kunst un Ehr in dat Handwark,
Luter Lothgeterie nagrad un Kanngeters Sippschaft!

Wenn ik noch denk an de Tid — un Meister war wedder gedüllig —
As ik en Plogjung weer, de Per hal, fröh, ute Wischen —
Jüs son Paar Brune as din — ik dach daran as ik se borrn dę —
Wa denn de Felder dar legn, de Köhbeest grasen un bölken,
Wa dat damp ute Saat un rük ut't Holt un de Knicken —:
Jümmer denk ik mi denn, ik much min Hüschen² vertopen,
Wischen, un wat ik hier heff, un min Olendeel³ ruhig geneten
Eenerwegns⁴ still oppe Geest, ant Holt,⁵ bi Schruben un Hastęd,⁶
Wat man ut Finster hier süht, un wo ik öfter so hinkik.

---

1 Würde, Ton auf der letzten Silbe. 2 Häuschen. 3 Altentheil, Abnahme, Alter. 4 irgendwo. 5 Wald. 6 Dörfer, Dorfsnamen.

„Denn kamt mit na Bunsoh!" seggt do de Vetter mit
         Nadruck,
Richt sik op dunnen Disch, un reckt den Meister de
         Hand hin,
Dat sik Nawer verfehr,¹ de Slachter, un of inne Been
         keem
Mit en verwunnert Gesicht, as de Koh kikt op en Ge-
         witter.
„Kumm! un din Anna bring mit! un treckt bi mi in min
         Hüsen!
Gut schüllt jü't hebbn oppe Welt as't en ehrligen Min-
         schen kann maken!"

De sik nu awer verwunner, weer Lampe; as flog der
         en Blitz in,
Jüs mank de Tassen hendal — un he flog to höch as be-
         dunnert.
Seggn kunnt harr he wul nix, dat stunn in sin Ogen to
         lesen,
Awer dat weer of ni nödig, denn Anna keem mit de
         Süster
Jüs herinner in Dœr. Mit en Blick verstunn se wat los
         weer,

---
¹ erschrak.

Hochroth glöhn er de Backen, de Ogen lepen er œwer,
Strommis- lepen er Thran, un se stunn as muß se sik
anholn.

„Anna, du geist wul nich mit!" seggt do de Vetter,
as wuß he,
All wat he wünsch weer entwei, so düster klung wat he
seggn de.

Antwort gev em sin Süster: „Se beit't ni Peter, se
kann ni!
All wat ik be: wes tofreden!"¹ un fat em un strak em de
Backen.

Awer dat klung eerst trurig, as Anna sä, ruhig un
lisen:
„Peter, wa gut ik di bün, dat denkst du nu nich. Awer
sunsten
Kann ik nix seggen un don as min guden Vatter sin
Willen:
Seggt he, ik schall, denn is't gut, doch lewer lat mi hier
bliben!" —

---

1 geduldig.

As dar en Wagen wegfohr ünnern Bom bi Lampe sin Husdœr —
Kürwagen, achter mit Korf, twee Brune dervœr as twee Hingsten,
— Schattig weer dat al warn, un Schummern leeg oppe Gastwurth —
Wunnerlich still war dat do! Dat klung noch t'rügg dœr de Schummern,
Denn, as weer dat verweiht, un Nacht de deck sik derœwer.
Nawer sä: Anna Gunnacht! Gunnacht Nawer Lampe! So gung he. —
Un achter Bader un Dochder dar slot sik de Dœr mit den Drücker. —

VII.

Jan Baas.

Geit man den Fotstig dal vun Lampe ut achter de Gastwurth,
Links vun de Hüser int Feld, so drippt man en Koppel int Gröne,
Vœr en Port, un to Enn int Gröne geit dar en Wind=
mœhl.
Schibenwall heet se den Platz, un de Mœhl de Schiben=
wallswindmœhl.
Schaten ward dar ni mehr, de Mœhl is bu't in en Grashof
Baben en Hus un en Schün, mit Spikers vœr Öl un
vœr Rappsaat,
De sik dar lank hin streckt, op hollandsch Art mit en
Pannback,
Allens in Freden un Ruh, as weer der keen To= un keen
Afgang.
Blot de Roden¹ de swunkt, as swunken se rum in dat Gröne,

---
¹ Ruthen, Flügel.

5

Un wenn de Wind na den Ort, so hört man de Släg'¹
    un de Stampers.
Merrn² bi düstere Nacht, inn Harst, wenn de Storm inne
    Böm suf't,
Hört man se bi sik int Bett, as klopp un hamer dat
    ünner,
Bald in Jl³ un mit Macht, un bald as weih dat de
    Wind weg,
Dat man lurt op den Ton, as lur man, wa Een dat Hart
    klopp.
Eensam schallt dat der her, un eensam schint dar en
    Licht rut,
Jümmer verdeckt vun de Noden, un jümmer as kunn dat
    ni utgahn. —

Dar geit en Sag' vun den Ort, en Schäper hett se
    mal utseggt:
Wenn dat ins keem inne Tid, dat en isen Weg hier hent-
    lankföhr,
Denn war Krieg ewert Land un de ganze Schibenwall
    blödig.

Nachtens kunn man dat löben, doch Dags — wa
    fründli dat toliggt:

---
1 Vor- und Nachschlag: die eigentlichen Ölpressen.   2 mitten.   3 Eile.

Un be dar hus't inne Nacht sünd brave un fründlige
Seelen —
Holländer meistens. De Mœhl is en hollandsch achtkante
Buart,
Dat is en Mœhl mit en Kapp, en Wikemoole¹ mit Zwick=
stell.²
Warkmeister is Jan Baas, vun Harlem, — dat tügt em
de Tulken,
De he in Mistbetten treckt, un stumm betracht un be-
wunnert.
Winters wahrt he se op, un Værjahrs plant he se ruter —
Snacken is nich sin Sak. — Sin Herr de hett em mal
mitbrocht,
De der en Handel mit Rapps un Lin na Holland hendal
harr,
Un dat nu sülften versöch, Öl slog, verschep un verhandel.
Baas de bu' em de Mœhl oder seeg doch, wa se em
bu't war
Echt na hollandsche Mod', un Baas de föhr em dat
Wark nu,
Lev oppen Schibenwall still un smök ut en Harlemer
Kalkpip
Hollandschen G „te koop tot Amsterdam bi Nienaber,"

---

1 holländischer Name für diese Art Mühlen. 2 holländischer bei uns einge=
bürgerter Name für den Balcon rund um die Mühle.

5*

Eet geern Eidamer Kees un drunk mal 'n Scheidamer
Draapje,¹
Na — un dar weer de Punkt — denn keem he mitünner
int Snacken.
Holland — dat weer de Welt! dar rak² de Eer annen
Himmel,
Reck³ de Himmel na Eer, de See bet achter de Hüser,
Hüser de legen as Schep, un Schep de gingn um den
Erdball,
Un wat en Herrlichkeit weer, dat brochten se mit to ver=
kopen,
Dat weer in Holland to hebbn tot Amsterdam un in
Harlem.
Lusthüs' kunn man dar sehn as en blank lackeertige Theedos',
All mit chineeschen Behör, mit Dinger un Pütten un
Muscheln,
Garns, mit Bageln un Böm habn œwertrocken mit Wir=
drath,⁴
Gras, bescharn mit en Scheer un Büsch, beputzt as Scha=
bülken,⁵
Stigen dartwischen mit Steen, lik grot, utsicht as de
Arfen,⁶
Darbi en Properite! vun den Fotborrn kunn man dar eten!

1 holländisch: Tröpfchen.   2 berühren.   3 reichte.   4 Metalldrath.
5 Masken.   6 Erbsen.

Dat vertell he denn geern, un vertell wul mit en Art
Wehmoth,
Wa he dat Klockenspill hör tot Amsterdam, un dat Beiern,[1]
Wenn he ann Haben spazeer un seeg as int Holt op de
Masten.
Malins, een vun de Schep, oppußt mit Flaggen un Wim=
peln,
Ging of westen hinut, un de Vader mit na't Ostinje.
Wa de Flaggen ni weihn! un wa de Segeln ni blinkern!
Klockenspill klung em dermank — doch den Vader seeg he
nich wedder.
Wenn he dat langsam vertell, sin Dütsch mit en holland=
sche Utsprak,
Seet sin urole Moder un weeg den Kopp as in Twifel:
Ob dat so weer inne Welt, un ob de Gedanken ni drogen?
Ob he nich wedderkam kunn, un se seet hier blot um to
töben?
Un, as warn se dar seker, so söchen er bistrigen Ogen,
Blöd un bleek as se weern, un föhln dat wul mehr as se
seegen
Ünner de sülwrigen Haar un de Klappen vun Gold anne
Mützen:
Bet se dat funn, anne Wand, en Bild, in Rahm, un in
Öl malt.

---

[1] eigne Art zu läuten.

Daran haken se fast, wenn Kopp un Gedanken er bewern,
Keken un weken nich af, wa lang er Sæhn ok vertelln de.
Düster seeg dar en Og, wenn man neger ging un be=
    trach dat,
Ünner en Hot mit en Fedder mit spanschen Bart un en
    · Zwickel,
Un wenn man't länger betrach, so weer't as war dat le=
    bennig,
Keem herut ute Wand, en Mann, so schön he man wussen,
Stolt as man em man süht, in spanschen Mantel un
    Kragen.
Un wenn de Olsche dat seeg, so sä se: so is he, so weer he,
So hett Jan Steen mi em malt, as he wegging na de
    Ostinje!
Bęle Gedanken de gungn denn wul mit, un annere Biller
Keem in er lębnbig to höch, dat se seet as sülben en
    Bildnis.

Öfter keem denn ok Baas æwer Enn,¹ beseeg un be=
    wisch dat,
Schov un hung dat torecht lik hoch mit sin annern Schül=
    ratsen,²
Meistens verröfert un old, doch lustig Tüs mit dartwischen,
Lüd bi Drinken un Danz — de nöm he all na de Malers,

---

1 In die Höhe. 2 Schilderelen, Bilder.

So as Jan Steen un Jan Been — un sä denn wul mal
in Gedanken:
Ja, as ob he der lev! De Ogen de kann ik noch denken!
Un wenn ik recht deran denk, — doch jüs as weert min
Jehannes,
Blot de Backen to small, un sin Haar un Bart sünd wul
heller. —
Wa sik dat geit inne Welt! Min Vader is gan un is bleben,
Föhr Gott den Sæhn mi torügg! — So be he vær sik an
den Sünndag.

Awer wa anners! Wat kumt dar langs den Stig bær
dat Gröne?
Ok en Baas? un so wild? — En Mäden as gung se op
Feddern!
Hellbrun Haar ummen Kopp — un so ute Kark mit en
Lachen!
Spitz de süht er vun Feern, un bellt un springt er entgegen,
Darmit jachdert se her un kumt verpust inne Husdœr.
Leb'ndig ward dat nu binn, wo't eben noch karkenstill
herging,
As gingn Gedanken dar rum un de Minschen lepen ha-
söcken.[1]
Baas besüht as en Tulk[2] er frischen Ogen un Backen,

---

1 auf Socken. 2 Tulpe.

Un Grotmoder de seggt, de se küßt un sichelt¹ inn Læhnstohl:
Och, de Jugend is moj!² un strakt er æwer de Lucken.

Dat weern Anna er Frünn! as Unlik öfter sik antreckt,
Hier er Hart as to Hus un vertrut sit Kinnergedenken. —
Unlik weern al de Moders un ok al tohop as twee Süstern,
Spelkamraden vun fröh un Maten³ to Schol un to
 Karken,
Nu ok beide dahin, wo keen Wedderkam is un keen Ant=
 wort.
Junk ging Reta er fort, as en Blom so blöh se un swunn se,
Anna harr er so kennt, do se oft mit Moder hendalging,
Geern Fru Medbern⁴ besöch, de lustige, nößen alleen ok.
De bleek⁵ domals er Linn um de Mæhl rund um oppe
 Grasen.⁶
Sünnschin leeg æwert Feld, wenn dat Kind den Fotstig
 hendalging,
Linglankut mank de Blöm, de gelen un blauen un roden,
Wit, as ging't ut de Welt, as ging't bet ran annen
 Himmel,
Ran anne wittblaue Luft, Een kunn wul gresen un grusen,
Wenn man de Finstern ni seeg, — un de Dœr in Schat=
 ten stunn apen, —

---
1 streichelt. 2 schön: holländisch, eingebürgert. 3 Kamraden.
4 Muhme, Tante. 5 bleichte. 6 Gräsung. Gras.

Un en witt Platen¹ keem rut, — un en Stimm reep tröst=
  lich: Kumm Anna!
Och wat en fründlige Stimm! All Angst vergung! vær't
  Verbistern,²
Bær de Lucht, un dat Licht, un dat Grön, un dat dat so
  wit weer!
All de Angst vær de Mæhl, un de Roden³ ern schreckligen
  Schatten,
De in de Koppel rum langn, as kunn se mal fürchterli
  drapen.
Spitz keem, de witte værut, achterher de Spelkameraden,
Jan un Jannette, de weern't, un Medderſche küß unse Anna.

Denn ging't munter ant Spill. Bi't Bleken⁴ mussen
  se hölpen!
Egentlich dę dat de Sünn — doch Medderſche muß dat
  begeten!
Water keem ut de Eer — doch Medderſche muß dat eerst
  pumpen!
Och, un wa köhli dat weer! un de Geetkann bruſ' as en
  Regen
Stremel bi Stremel⁵ entlank — twischenin op dat Gröne
  dar gingn se.

---
1 Schürze. 2 Verirren. 3 Flügel. 4 Bleichen. 5 Streifen
vom Leinen.

Warum se starben harr mußt? Gosche¹ Baas sä jüm=
     mer: se wuß nich!
Se wuß gar ni warum! — Doch Kinner verget un ver=
    spelt dat.
Weer't ok anners as sunst, bald weern se eben so fröhlich.
Wenn se nu spelen, in Stuv, denn Grotmoder kunn ni
    mit buten,²
Hörn se dat Dræhn vunne Mæhl, de Hamers gan un de
    Stampers,
Dat dat bewer³ int Hus, un de Finsterrahms jedesmals
    zittern.
Dat weer gruli⁴ un schön! tomal vœr Licht inne Schum=
    mern,
Wo denn Gosche ni sprok un oftmals trurig un still weer.
Ja, dat weer herrlich un schön! oppen Schibenwall weer
    dat as nargens!

Kinner de waßt un ward grot, Jehannes schot op as
    en Pappel,
Heel en afsunnerli Jung, mit egen Grappen⁵ un Infäll!
Meistens spel he vœr sik, bu' Schep un timmer un klüter,
Oft in Iwer⁶ un Sweet un argerli, wenn dat ni gan wul.
Sunst en prächti Gemöth, un jümmer mit Anna sik enig.
Er vertell he denn wul, un re sik rik oder værnehm:

---
1 Großmutter. 2 draußen. 3 zittern. 4 graulich. 5 Einfälle. 6 Eifer.

Schepen wull he mal bu'n, as de Mœhl so grot un noch
gröter,
Segeln darmit, so wit, as Grotvader Baas, un noch
wider,
Awer wedderkam wul he in jüs son Mantel un Kragen
Mit so'n Febber ann Hot, as en Prinz, un Anna denn
mit nehm.
— Un denn betrachten se beid den Mann mit den Bart
un den Zwickel. —

Gar as nu Jan of noch mahl — toeerst mit Krib an
de Dæren,
Nößen¹ mit Pinseln un Tusch — bewunner uns Anna
em gänzlich,
Löv of, he war as Jan Steen en groten Maler in Holland,
As he do jümmer vertell un beschrev er, wa dat dar schön
weer.
Anna bewahr noch en Bild, dat weer en Adam un Eva
ünner en grasgrönen Bom mit Appeln, wat he er schenkt
harr.
Darmit keem he bi Lampe, un kreeg dat ut en Papier rut,
Wichtig, as he so weer, un Meister de lach un vertörn² em.
Do weer dat Schönste verbi, ol Lampe kunn em ni liden,
All dat baasen Geslech dat weer em, sä he, to jannig:³

---
1 nachher.   2 erzürnte.   3 wunderlich, das Wortspiel ist volksthümlich.

Jan un Jehann un Jannette, un Holland un noch enmal
    Holland,
Ne, dat weer em to vel! un de Jung war en Narr, so
    meen Vader.

Harr he wul Recht? As dat keem, so muß man't leider
    wul denken.
Och! un he weer doch so gut! un weer so geschickt un so
    prächtig!
As en Pappel opschütt, so wuß he, un röthlich de Backen.
Un wa se lævten¹ em, All! de Lehrer un all sin Kamraden!
Æwermödig — ja wul — un nich jüs vær Allens te
    bruken —
Schriwer kunn he nich speln un Verwalter op de ol Öl=
    mæhl —
Awer brav un geschickt! un wa be nich sin Herr em to
    bliben!
Doch, dat weer em to enk! Un he ging heropper na Ham=
    borg,
Ging herin na de Welt — na Holland oder Ostinjen —
Weg weer he gan — un Lampe de sä: de keem ok nich
    wedder!

---

¹ lobten.

VIII.

Abend.

4

Wenn der en Wagen hin fahrt, vun 'n Weg af,
ewer de Heiloh,¹
Nut na'n Dörpen anto² — kum dat he mal sehn un be=
markt ward —
Drückt he doch lisen en Spor, int Sand, inne Heid, inne
Grasnarf;
Sülsten en Schipp inne See, sogar mank Wellen un
Waggen
Treckt der sin Weg inne Floth, de lang noch glinstert un
nablinkt.
So inne Seel de Gedanken, — un ob se of gat as de
Wulken,
Ob se as Newel hin treckt, oder sweevt as Duben int Blaue:
Lisen treckt se en Spor, un enige deper un heller
Merrn — as dær Heid un de Floth — dær Nacht un den
Drom un dat Denken,

---

1 Heide, Heidegegend. 2 hin.

Dat se der gat as bun süllst, hinilt as wink der en Hand se,
Stigt as de Schatten to Höch un wandelt sik um as de
Rok deit.

Anna harr er lütt Stub nan baben rut gegen den
Linnbom.
Langsam gung se to Bett, to möb ton Waken un Slapen.
Denken kunn se nich mehr, se wuß ni bun recht oder unrecht.
Dump, as en Dak¹ æwer't Moor, so drück er't den Kopp
un den Bossen.
Jümmer keem er en Wort, as slog er dat hin wo dat Hart
sleit:
„He kumt ni webber! meen Vatter," un drop er as slog
er Gewęten.
Denken kunn se dat nich, un hör dat blot her in Gedanken,
Doch ok gar nix derbi un weder an Fründ noch an Vetter.
Awer an Vader dar dach se, un dat he mal old war un
stukli;
Wa he so gut weer, dat dach se, un all sin Wör de he seggt
harr:
Raden kunn he er nich, harr he seggt, dat weer en Ge-
węten!
Dat muß man föhln, as den Globen, — en Anneren
kunn dar nich hölpen.

¹ dichter Nebel.

Glück weer en wunnerli Ding! Dat geb en Art Glück as
de Quitschen,¹
As man dat drück ober quäl, je lustiger grön dat un
wel² dat,
Dat weer dat Glück wat Een folg, wenn man dägli an=
heel un oppaß,
Dar weer nix Sunnerligs³ in, dat weer as Verstand in
den Minschen.
Awer dat geb ok en Glück wat Een söch: dat weer as en
Lilgen!⁴
Dar muß man lüstern⁵ un lurn!⁶ dat keem, un so licht
denn nich webber!

Allens, harr he man hört — un Grotvader Kleen löv
der ok an —
Allens, wat der en Leben, dat harr mal en Tid de de
Blöth weer,
Süllst dat Metall inne Eer — un he seeg mal in Frankrik
en Blibom —
Ok de allmächtige See, un in Söd⁷ un Diken dat
Water:

---

1 Queckengras. 2 gedeihen. 3 Besonderes. 4 Lilie. 5 lauern
mit Augen. 6 lauern mit Ohren. 7 Brunnen: Volksglaube.

6

So dat Geblöt¹ inne Bost! — denn de Minsch weer
    nich slechter un beter,
Weer as en Lilgen opt Feld — un eenmal blöh em sin
    Glück ok. ...

„Awer nich wedder!" dat Wort! dar trocken de Schat=
    ten un Wulken
Jümmer as reep se dat hin, un warn to Gestalten un Biller,
Klar, as seeg se dat Oog, un dat Hart dat hör se lebennig,
As man de Bageln wul hört, bi Nacht, se ropt uten Heben,
Ilig, wit œwer weg, un man folgt se, dar= oder darhin:
So, as en Ton de der geit, gingn Anna er Sinn un Ge=
    danken.
Dämmerig œwer en Feld hin gingn se as spörn se en Wagen,
Œwer de dämmrige See, dær de Waggen, jümmer en
    Schipp na,
Œwer den Karkhof hin na en Graff, wo se Moder be=
    graben —
Och, un denn keemn se torügg as de Tüten² bi Wedder
    un Stormwind,
Ilig, wit œwer weg, un se repen: Nich wedder, nich
    wedder!

---

1 Blut und Blüthe, volksthümlich.   2 Sturmvögel, Regenpleifer.

Ja, wul weer dat dar schön, langs den Weg rut œwer
de Heiloh!
Fahr man dar Abends herut, un bög vun de rafflige
Landstrat,
— Achter Œen all dat Getös' vun den Ort, vun Minschen
un Arbeit —:
Weer dat as fahr man to Rau, den Abend un Freden
entgegen.
Um Œen leeg dat dar brun, un vœr Œen dämmer dat
Holt op,
Awer allmähli, torügg, wenn man umseeg, gegen de
Kimming,
Sacken¹ de Mœblen un Thorn mit den Ort, as gingn se
dar ünner.
Och, un dat Hart war so still, as weeg sik dat in op den
Wagen,
Un so licht fahr man hin, man föhl recht, wa dat bequem
ging:
Afwer de Krüder un Blöm, œwert Gras, mank Strünken
un Büscher.
Fleerlinken² flogen noch op, oder Vageln sungn sik to
Nesten,
Oder en Has' sprung derhin, un Peter de knall mit de
Pitschen

---
1 sanken. 2 Schmetterlinge.

Dat of de Brun sik verfehrn, hier, wo se sunst lepen na
 Willen.
Nößen de sannige Weg, so lisen as ging dat op Küssens!
Nich mal en Rad weer to hörn, vun de flinken Bleßten
 keen Fottritt,
Blot dat Leddertüg jank, un se prußten un spitzen de
 Ohren,
Denn se rüken de Krüpp, sä Peter, un gieren na
 Grasung.
Rascher ging dat denn fort, mank Hecken un Knicken vun
 Hasseln,
Ging an de Koppeln verbi, wo't bald heet: süh, dat is
 unse!
Hier hebbt wi Roggen un Gast!¹ un hier hebbt wi Arsen²
 un Wiken!
Dar steit uns Törf oppen Moor! un dit is uns Wisch
 vœr dat Junkveh!
Denn keem der enzelt en Kath, vœr Dœr en ol Fru, oder
 Kinner,
Endlich, breet op en Hof mit Böm as Karkengewülben,
Still, un vœr sik alleen, warm=köhlig ünner en Strohdack
Keem der, achter de Port, wo de Brun rinflogen un
 stampen,

---

¹ Gerste. ² Erbsen.

Dat dat man schall op de Steen, un de Hofhund jammer
　　vær Freiden —
Keem der en Hus to Gesicht, un dat heet: Lütt Anna, dar
　　sünd wi!

Ja, wul weer dat dar schön! un Verstand regeer dar
　　un Freden!
Morgens dar opstan, fröh, un ræwersehn, ünner de
　　Böm weg,
Ewer de Sol¹ int Reet, mit de Gös un Aanten un
　　Küken,
Na de Koppel schreegan, wo de Köh al gungn in de
　　Andau²
Hoch anne Kneen int Gras, un seggn künn: dat is din
　　Egen!
Dat is din egen, dat Holt, wieder rop, wo de Sünn jüs
　　heranspelt
As weer dat Parlen un Gold, — un de Grashof dal in
　　den Newel! ...
Ja, dat weer wul en Glück! Un gar mit Vader de old
　　ward!
Em hier krupen to sehn, un klütern, un püsseln, un
　　snacken! ..

---

1 Teich, Tränkstelle.　2 Morgenthau.

So, as en Licht wat der blitzt, un de ganze Gegend in
Gold sett:
Æwerall Glanz un de Pracht, mit eenmal, as mit en
Wunner,
Ging dat an Anna er Seel mit all de Gedanken vær=
æwer.
Doch as en Schatten naher, as en Wulk, as en bleek
kolen Newel
Deck dat sik dich achter to, und dat reep in er: Nümmer
un nümmer!
„Laß dich nicht lüsten des Guts! de Lev un dat Glück is
wat Anners!"

Denn mit den Wandel de keem, as gung dat int Spe=
gel væræwer,
Sieh! dar wanner en Mann, inne Fremm, alleen un ver=
laten,
Fröhlich awer un junk, wit apen de Bost un de Ogen...
Drog he sik as en Matros? as en Maler? oder en
Spanjer?
Lichtfarrig¹ stunn em de Hot op de dichten hellbrunen
Lucken,

---

1 leicht, nicht leichtfertig.

Lichtfarrig stunn em de Gang, un de Mund weer heiter
un ehrlich . . .
Ja, wenn he wedder kam' de! Un keem he ok nich as en
Prinzen,
Keem he ok jüs as he ging, un wull he er haln oder
bliben —:
Mit em kunn se wul gan, vœr em entbehren un liden,
Wahn mit em in en Hütt, un arbeidn noch vœr de
Öllern,
Glücklich maken un sin, dat kunn se: Denn Geben ist
selig!
So harr Moder mal dacht, un Vader de dach so nich
minner!
So föhl se ruhig in sik un föhl: so weer dat dat Rechte.
Wat denn keem inne Welt: Gott Vader muß dat dana
lenken! —

Darmit föhl se de Hann, dat Kind, op den sneewitten
Bossen,
Half ut Tüg seet se dar, dat Haar noch los um de Schul=
tern,
Ehrbar doch, un so schu,¹ un jümmer drepli² un sauber.

Awer all wat en Hart bewegt in Freiden un Leiden,

---
1 schüchtern.   2 ehrbar in Kleidung.

Glöh er uten Gesicht mit de deepblauen Ogen nan Baben,
Un æwer Welten hinut, æwer Kul¹ un Graff un dat Leben
Drog er't lisen herop, un er Hart war ruhig un seker.

---

1 Grab.

IX.

Morgen.

Wa en Morgen kann lachen! na düstre Nacht inne
Welt rin,
Dær de Gardin inne Stuv, dær de Ogen int Hart un
den Bossen!

Lat eerst weck he uns Anna mit Bagelgesnack uten
Linnbom.
Buten schin al de Sünn, un binn dat Hus weer al
munter,
Bader weer ok al to Gang' un keem er so fründli ent-
gegen
Recht mit en Sünndagsgesicht, un beseeg er æwer de
Brill weg
Al langs de Treppen hindal, un begröt er mit sin Gun-
morgen,
Dat er dat innerlich smö¹ un er warm un selig hen-
dærtrock.

---
¹ wohlthat.

Ja, en Morgen kann lachen! langs Dœr un Dęlen
int Hus rin!
Weckt de Vageln inn Bom, un weckt de Blöm inne
Bläder,
Richt se fröhlich to höch den Kopp as he lustig vœr=
bigeit,
Weckt de Freid inne Bost un wischt de Sorg uten Ogen.
Wo dar Minschenvolk hus't, beschint he se Gęweln un
Arkners,
All de lütt Huken un Eck un wat sik verkruppt inne
Winkeln,
Kümmerli Hüschen un Hüs', tobraken Luken un Löcker,
Maas un Pann oppet Dack, achter bliern Finstern de
Blomputt;
Schint in jede lütt Kœk, op jede lütt Kram in en
Warkstęd,
Op en todrückte arm Seel, en tobraken Hart oder Lęben,
Op en ol fröhlich Gemöth achter Brilln un anblindte
Ogen.
Gar nu en Kinnergesicht dat strakelt he œwer mit
Fiecheln,¹
Un vun allen wat lęvt, dat dankt em mit Lachen am
besten.

---

¹ Schmeicheln, streicheln über die Wangen.

Kinner weern der al wen to'n Besök bi Annaken
Lampen,
As er de Nawerschop nöm, un Enige sän ok: Schön
Anna,
Wu! vun er fründli Gesicht un de fröhligen Ogen un
Backen.
Kinner oft repen er an: Schön Anna, wat wullt du uns
mitbringn?
Sünndags keem en paar arme, de hörn den Schoster
schreegæwer.
Meister harr se vertröst: Lütt Annaken weer noch ni
opstan!
Se harr je 'n Slap as en Ul! meen Vatter, na'n helligen
Dag rin!
Ob er de Ogen ok roth? — Lat mal sehn?.. Dat weer
ok ni nödig!
Jo sik ni sorgen un quäln! Dat weer noch jümmer er=
träglich!
Denn uns Herrgott regeer!.. Dat Gewitter harr er wul
opstört?
Frag de sorgli herum, dat harr je banni hendalbratscht,
Dunnert un hagelt un blitzt un regent, as geb dat en
Sündfloth!
Awer uns Herrgott regeer! De Welt weer as niet wedder
opstan!

Nix harr se hört oder spört! so gänzli harr't Anna
    verslapen!
Awer dat keem er torügg, as en Ducht¹ Gen bringt op
    Gedanken:
Drömt harr se deep innen Slap vun en Storm un Leib'n²
    un Lüchten,
Awer dat weer as en Krieg un de ganze Schibenwall
    blödig.
Gruli suchteln de Roden, un kloppen un hamern de
    Stampers,
Bald in Il un mit Macht, un bald as weih dat de
    Wind weg,
Dat se lur op den Ton as stock er dat Hart inne Angsten.
Awer dat Licht wat der schin, eensam, en Steern mank de
    Wulken,
Jümmer verdeckt vun de Roden keem wedder jümmer un
    wedder,
War to en Glem³ un en Glanz un en Pracht, dat de
    Heben hinopschin,
Un as se opwaken de, do schin er de Sünn inne Kamer.
So keem't er wedder to Sinn, as Vader verteel vunt
    Gewitter,
Denn door Kamer un Kök un de Del entlank mit er hin-
    klæn: —

---

¹ Duft, Geruch. ² blitzen, wetterleuchten. ³ Lichtstreifen.

Ok al Besök weer der wen, vun de Ölmœhl, Baasen
Jannette . . .
Och, un ol Detelf weer binn, de Bäckergesell utet
Warkhus,
Lur op sin Sünndags Tass Kaffe! — un Nawer harr ok
al mal rum kikt!

Recht as en Fierdag weer't! Wer much uns Herrgott
ni danken?
Danken vær all wat man hett! dat man levt, un dat
Leben so schön is!

„Ne, wa is dat to löben, seggt Detelf: man kunn en
mal old warrn,
Wenn man so'n Ogen ansüht, so'n Tähn, un de Kuln¹
inne Backen!
Och, un dat Öller is slecht, min Annaken, dat is so
eensam!"
Gar nu in dat grot Hus, vertell he, dat weer jüs ni
hässli,
Lang ni so slimm as he dach, man blot mit de ewige
Minschheit!²
Dat weer noch mehr as alleen! un nich en mal hörn, wat
se sproken!

---
1 Grübchen. 2 vielen Leuten.

So verteü he fin Noth, vertehr awer hœgli fin Kaffe,
Brot un frisch Stuten darto, un piffel,[1] as weern dat
Geheemnis:
Ne, wa dat is oppen Öller, du lövst ni, seggt he, min
Anna!
Rein, man is so alleen, man vergitt sik sülbn as man
hersitt!
Sieh, dar steit nu min Stock, nu weet ik't je, wenn ik em
anseeg,
Awer ik seeg ok ni weg, so kann he der gan oder bliben,
Ik weet em nix mehr dervan, nicht oft bun min lislichen
Fingern,
Dat mi de Taß kann der falln un ik seeg achterna mit en
Wunnern.
Rein Een lopt de Gedanken, un gar ni as bi sik to
bliben,
Jümmer as glik bun di af, sünd jümmer mank annere
Tiden,
Jümmer mit de der al dot un all wat der weer as man
junk weer.
Un nich mal gut un vernünftig, min Anna, as du di wul
inbildst,
Thöricht sünd se as je, jüs de Dorheit freit Een opt
Öller!

---

[1] flüsterte.

All de oln Streichen vun do dar hangt se sik an as de Kliven,¹
De makt man all noch mal dær, un redi² ahn en Gewęten,
(Un de ol Detelf de lach, as lach he na Jungens er Knępen):
Recht wo de dummsten Een lücken dar freit man sik noch uten Harten!
Darbi so kikt man denn rum, un kennt ni sin Stock noch sin Köppelsch,"³
Seggt he, gar hartli vergnögt, un söch inne Dörnsch mit de Ogen,
„Kum mal sin Kopp ünnern Hot!" de Anna em reck un em opsett.
„Nu inne Been, min Gedanken, so seggt he, un lat mi ni snübbeln!"⁴

Awer denn, as he so stunn, un Anna em hölp to sin Handstock,
Recht as en Wanderer steit oppe letzte Statschon vært Tohuskam',
Möd awer noch mal erquickt, tofręden dat't bald nu to Enn is,

---
1 Kletten. 2 völlig. 3 Hut, Köpfchen. 4 stolpern.

7

Seggt he, un ſtrak er de Back, ehrwürdig, en Man in ſin
Demoth:
Frei di, dat du noch junk büſt, dat ward di noch frein oppet
Öller!
Mitnehm' kann man je nix as den Globen: dat Allens ſo
gut is,
Blot de Erinnerung blifft, wo man Lev hett kregen un
geben.
Darmit dank it ok ſchön! — Un ik hœg mi noch æwer den
Sünnſchin,
Seggt he, un kræpel hinut, wedder eenſam mit ſin Ge=
danken.

Anna weer week darbi warn, faſt keem' er de Thran
inne Ogen,
As ſe em naſeeg de Ol un dach: das dat Enn vun en
Leben!
Fröhlich weer ſunſten er Wiſ'; bedrövt weer ſe ok nich un
trurig,
Awer, as oft inne Kark, wo dat allens Een röhrt mit en
Wehmoth:
Fierlich weer er to Sinn, un de Welt un dat Leben ſo
nixig,
Gar as dat Sorgen ni weerth, un dochen ſo ſchön um to
leben!

Wa nich de Sünnschin der glänz! un de Klocken sungn
                jüs an to beiern,¹
Lüden de Fröhpredigt ut, œwern Ort hin klungn se an=
    dächtig,
All wat man leef harr repen se op, as repen se Namen,
Repen as locken se söt un trocken Een lisen na'n Heben.

Vader bemark dat ganz gut, he küß er blib op de
    Ogen,
As he wul enzel mal de, un bög er den Kopp an sin
    Schuller.
Trösten verstunn he ni recht, sin Trost weer en Spaß oder
    Arbeit.
Awer behegli to wen dat kunn he as en ol Wartsfru:
Anna schull eten, un drinken, sik antehn² smuck, un schull
    utgahn!
Awer man seeg em dat an, he harr noch wat sülbn oppen
    Harten:
Of al Besök weer der wen, vertell he noch mal, vun uns
    Nawer,
Un vunne Schibenwallsmœbl, fröhmorgens, Baasen
    Jannette.
Grotmoder Baasen weer slecht un wull noch geern Anna
                mal spreken —

---
1 eigne Art zu läuten (lüden).   2 anziehn.

Jüs in den Ogenblick nich, un nich jüs gänzli gefährli!
Sett he der ili hinto, as he seeg, wa Anna dat opschreck.
Se weer je öfter mal leeg.. ol Lüd de keemn fik wul
wedder..
Junge Lüd störmn der op los... he wull mit er süllsten
hinünner..
Paß em jüs frilich ni recht.. un tonößen¹ wulln se mal
utgan..
Mal na den Tegelhof² rut, na de Schanz oder bet annen
Krattbusch...
Luft un Wedder weer schön, son Sünndag muß man ge=
neten!..

Anna harr awer keen Ruh un lenng na Grotmoder
Baasen,
Lenng Jannette to sehn; — un so wannern de Beiden
denn ruter;
Vader in Sünndagskledasch', de oft in Wefen ni ankeem,
Seet em en beten wat enk, un de Hot weer em gar ni
bequemli,
Oft harr he den inne Hand un rev sik den grisligen
Haarpull,
Fremde Lüd muchen wul denken, de Kopp weer em hitt un
verbreetli.

---
1 nachher. 2 Ziegelei.

Awer hier geb dat keen fremde, de Gastwurth lank, na den Fotstig;
All de se dropen de gröten un harrn noch en Wort to'n Gunmorgen. —
Grön weer de Schibenwallskoppel na all dat Gewitter un Regen. —
Dar gingn de Beiden entlank. — De Ölmœhl stunn inne Scheeren,¹
As inne Predigt de Bruk,² un fierli still weer de Gegend. —
Lankhin streckt sik de Spikers, de groten Dœren weern slaten,
Blot in den Schatten de Dœr na Baas sin Hüsen³ weer apen. —
Spitz keem fründli herut. Dar rük dat na Öl as man rinkeem. —
Dar weer't still as en Dod, un Anna de kreeg al en Schrecken. —
Lisen gingn se in Stuv, wo dat dunst⁴ na Hoffmannsche Drapens.⁵
Lisen hörn se en Stimm: Baas les' ut en holländsch Gebetbok.
Vœrnehm klung dat un fremd, se hörn em: Heere van Hemel!⁶

---
1 über Kreuz, als Zeichen der Feier. 2 Gebrauch. 3 Behausung.
4 stark duftete. 5 Äther. 6 Herr vom Himmel.

All wat se dœrmaft harr an Noth und Dod mit er Moder
Reem de arm Anna do op! doch glif of de Kraft un de
Tröstung.

Grotmoder Baasen seet dar in en groten oldmodschen
Lähnstohl,
Weef in Küssens verpackt, oprecht as weer se ant Sprefen,
Awer de Dod um den Mund un dat Leben man blot inne
Ogen,
Half man weer se mehr hier un verkehr al mit fremde Ge=
stalten.
Anna flog op er to un fat er de mageren Fingern.
Anna, min Kind, seggt se do, süh, wullst du mi of noch
Ade seggn?
Segen di Gott denn de Heer! und gev sin'n Segen di
rifli!
Nu he denn wedderkamn is, min Kind, so will if mi
rüsten,
Gah of geern ute Fremd', nu help mi, Heere van Hemel!"
Darbi sohl se de Hann un de Kopp sack torügg inne
Küssens,
Sülwern de Haar umme Steern, anne Backen de gold=
blanken Klappen,
Fremd un smuck leeg se dar, un slot as ton Slapen de
Ogen. —

Webber kamn?...
weer he? — ja wul! — dar stunn he, —
dicht er to Köppen,
As Jehann Steen er em mal, — besülwe un doch ganz en
Annern —
Stunn an Anna er Sit, dar weer he sachten heran gan,
Webberkamn, jüs noch in Tid er Hart un den Twifel to
lösen:
Ob se hier seet man un lur inne Fremd', un he broch er
nar Heimath.
Webber kamn, nich as en Prinz un nich mit en Mantel
un Kragen,
Ok nich so as he ging: en Mann stunn dar, de de Welt kenn.
Awer so apen dat Og, dat Gesicht so frisch un so ehrlich:
Wat de nich weer oder harr, de kunn dat warrn oder
kriegen,
De harr de Kraft un de Drift, de fröhliche Lust un den
Willen.
As de Anna anseeg, un er un er Vader de Hand drück,
Still un stumm, as't sik paß, wo de Dod gung merren¹
im Leben:
Och, do weer't as en Steern, de wit un mählich heroptreckt,
Eerst as en Dämmern un Glem, un kum as to sehn un
to löben,

---
¹ mitten.

Denn as en Schimmern un Licht, un endli schint he so tröstlich,
Dat Een de Ogen to week, un de Bost to enk vœr den Jubel:
Globen un Tru de stat fast, as de Steern man stat an den Heben,
Globen un Tru best du holn, sieh dar! nu findst du se wedder!

Fast weer Anna beswö't,[1] doch Freid is en mächtigen Tröster:
Dar weern Arms de er heeln, dar weern de Ogen de sproken:
Süh! œwern Dod un dat Graff niet bu't sik de Welt un dat Leben!

---

[1] ohnmächtig geworden.

Druck von Breitkopf und Härtel in Leipzig.